AF247754

A. FINET

GRANDEUR DE LA FRANCE

PAR L'ÉMANCIPATION

DES TRAVAILLEURS

ET LA

COLONISATION ALGÉRIENNE

PRIX : 1 fr. 25

PARIS

AUGUSTIN CHALLAMEL, ÉDITEUR

LIBRAIRIE ALGÉRIENNE

5 rue Jacob, et rue Furstenberg, 2

1892

A. FINET

GRANDEUR DE LA FRANCE

PAR L'ÉMANCIPATION

DES TRAVAILLEURS

ET LA

COLONISATION ALGÉRIENNE

PRIX : 1 fr. 25

PARIS

AUGUSTIN CHALLAMEL, ÉDITEUR

LIBRAIRIE ALGÉRIENNE

5, rue Jacob, et rue Furstenberg, 2

1892

GRANDEUR DE LA FRANCE

L'œuvre à laquelle nous devons travailler avec ardeur, consacrer tous nos efforts et notre patriotisme, c'est au développement physique et moral de notre chère patrie ; c'est la placer à la tête des nations civilisées, l'élever assez haut, pour qu'elle soit le phare lumineux où tout ce qu'il y aura de grand viendra converger et d'où enfin doit partir le dernier acte de la civilisation.

C'est une nouvelle révolution à accomplir, d'autant plus grande, d'autant plus noble, qu'elle sera plus pacifique.

La civilisation réprouve aujourd'hui les moyens barbares employés autrefois, pour arriver à la gloire, et qui ne servaient qu'à satisfaire l'ambition de despotes orgueilleux.

C'est donc par la morale, par le développement de l'instruction civique et politique, que nous devons faire tomber aujourd'hui les barrières qui nous séparent, les partis qui nous divisent pour faire place au seul qui raisonnablement doit subsister, le parti national, comptant tous les enfants de la France, réunis sous le drapeau de la République démocratique.

L'union la plus parfaite doit présider à nos travaux, qui n'auront qu'un but : la Grandeur de la France, par sa force et sa toute-puissance.

Une nation ne peut être vraiment forte, que si tous les citoyens qui la représentent sont animés des mêmes sentiments.

Dans un avenir prochain, j'ose l'espérer, nous atteindrons ce but, auquel la majorité des citoyens aspirent, et comment pourrait-il en être autrement ?

Ne sommes-nous pas tous faits à la même image, n'éprouvons-nous pas tous les mêmes besoins ?

Mais, jusqu'ici, les différentes classes de la société étaient séparées par un abîme, qui semble encore infranchissable.

Le capital fait une guerre acharnée aux malheureux déshérités de la fortune, qui laissent journellement leur santé et leur vie dans cette lutte inégale et injuste.

Cependant, comme je le disais plus haut, nous éprouvons tous les mêmes besoins et avons tous des droits au bien-être général.

La classe des travailleurs, formant la majorité de la nation, doit être écoutée dans ses justes réclamations.

Le capital doit être essentiellement lié au travail, avec lequel il doit marcher de pair ; car si le premier fournit l'argent nécessaire, le travailleur fournit ses peines, son temps, sa santé et sa vie, choses autrement plus précieuses.

Les uns s'étiolent dans les plaisirs, les festins, voire même les orgies, qui naissent de l'abondance et de l'oisiveté ; tandis que d'autres et le plus grand nombre hélas ! meurent de fatigues, de privations et trop souvent de faim !

Cependant, les trésors amassés avec cet acharnement jaloux, que mettent en général les capitalistes à accaparer la fortune publique, doivent se laisser un jour, car l'égalité n'existe aujourd'hui que devant la mort.

Notre devise est pourtant : LIBERTÉ, EGALITÉ, FRATERNITÉ.

La Liberté n'existe actuellement que chez le capitaliste, pour opprimer le travailleur.

L'Egalité est aujourd'hui encore un vain mot, car un abîme, séparant le capital du travail, nous avons donc deux classes bien distinctes, la bourgeoisie et les opprimés.

La Fraternité ne peut exister sans la réunion de ces trois maximes.

Nous devons donc travailler à un rapprochement général, et il me suffira, pour cela, de donner quelques exemples historiques.

Revenons en arrière, et comparons l'état actuel de la France, à ce qu'il était avant la Révolution.

En 1789, la bourgeoisie, le clergé et le peuple, opprimés par la noblesse, créèrent la Constituante, d'où naquit la grande Révolution, renversant tous les principes féodaux et qui fut suivie de scènes de carnage, qui alors se justifiaient par les souffrances qu'avaient éprouvées les différentes classes de la société, par la tyrannie exercée sur elles par la noblesse ; il fallait absolument secouer ce joug et briser à jamais l'exercice des droits féodaux.

Nos pères accomplirent vaillamment cette tâche, à une époque où tout se trouvait contre eux, ils n'avaient l'exercice d'aucuns droits civiques ou politiques.

A partir de cette époque, c'est-à-dire en 1791, la bourgeoisie et le clergé, s'octroyant les plus grandes prérogatives, établirent alors le droit d'élection, mais restreint d'abord aux seuls Français actifs, âgés de 25 ans et payant une contribution foncière pour les villes et villages au-dessus de 6,000 habitants, calculée sur un revenu d'une valeur de 200 journées de travail, et pour les villes et communes au-dessous un revenu d'une valeur de 50 journées.

En 1793, tous citoyens français, voire même les étrangers naturalisés, ou ayant fait acte de français, habitant la France depuis un an, devinrent électeurs.

Nous reperdîmes ce mode de suffrage l'an VIII, pour le reconquérir en 1848 ; de nouveau modifié, après le coup d'Etat de 1852, nous le reconquîmes enfin le 4 septembre 1870.

Nos pères donc, opprimés par la noblesse, brisèrent alors cette barrière et conquirent, pour un instant, cette liberté à laquelle aspirait la nation entière.

Ce fut le point de départ de l'émancipation du peuple français ; mais à cette époque, ils ne surent pas conserver le pouvoir, c'était chose trop nouvelle et ils n'avaient pas suffisamment l'expérience des affaires pour cela.

Les discordes intérieures, jointes aux guerres que la France eut à soutenir contre l'Europe entière, favorisèrent Bonaparte, alors premier consul, pour escamoter la République.

Son ambition fit de l'Europe un vaste champ de bataille où succombaient alors une foule de héros qui firent des prodiges de valeur.

Depuis, de décadence en décadence, nous sommes arrivés à la guerre fatale de 1870-71, ou par la lâcheté et la trahison, la France, tout en perdant une quantité de ses plus braves enfants, perdait encore ses deux belles provinces d'Alsace et Lorraine.

Mais, si la révolution de 1789 nous a affranchis du joug de la noblesse, les capitalistes, ou autrement dit la bourgeoisie s'est substituée aux premiers et opprime aujourd'hui le peuple, et ce mouvement s'accentue de plus en plus, au fur et à mesure que les fortunes deviennent plus grosses, au fur et à mesure que les machines remplacent les bras de l'homme, dans les ateliers ; et il y aurait un véritable danger à laisser cet état de choses ainsi, sans y apporter promptement un remède.

En effet, depuis quelques années le nombre des grèves va toujours croissant, et il n'est pas jusqu'aux employés de chemins de fers, qui ne nous aient donné le spectacle d'une grève, c'est ce moyen que le peuple a employé jusqu'à ce jour, pour faire connaître ses justes revendications, et demander les réformes indispensables pour le soulagement de ses misères, et pour la sécurité publique.

Il a montré, jusqu'à ce jour, un courage exemplaire, en même temps qu'une fermeté inébranlable, ne se laissant pas décourager, par le peu de succès qu'obtenaient les différentes délégations, et évitant avec soin, de provoquer le moindre désordre, qui, dans l'état actuel, n'aurait pu que nuire à notre chère patrie.

En 1889, le 1er mai fut établi comme la fête du travail, il fut créé, pour établir la fédération de tous les travailleurs, réunis en un seul groupe, pour affirmer aux pouvoirs publics leur union et le désir de tout le peuple, d'obtenir les réformes nécessaires à sa vitalité.

Le but était tout à fait pacifique et si quelques troubles de peu de gravité du reste, ont éclaté, ils ont surtout été occasionnés par l'administration, par les excès de zèle et la brutalité de certains agents, qui sont venus troubler cette fête de famille.

En 1891, les fâcheux événements de Fourmies sont venus ensanglanter cette fête du travail, qui n'avait été créée que dans un but essentiellement pacifique et pour prouver aux nations que le peuple est grand et fort, qu'il est uni et ne réclame qu'un peu de justice, c'est-à-dire, que l'on s'occupe un peu de sa malheureuse situation.

La dynamite des anarchistes est aussi venue troubler un instant tous les esprits, des attentats d'une extrême gravité ont été commis ; mais, si ces doctrines ont été propagées, nous devons surtout en accuser un ex-magistrat de la République auquel incombe une large part de responsabilité dans cette affaire, car c'est lui-même qui en a propagé les doctrines, ainsi que nous pouvons nous en convaincre par la lecture du passage suivant, tiré des *Souvenirs d'un Préfet de police*, par Andrieux (T. 1er, page 338).

« Les socialistes révolutionnaires ne se bornaient plus

à des déclamations dans des réunions publiques ou privées. La dynamite des nihilistes les empêchait de dor-
mir et pour stimuler le zèle des compagnons, ils se pro-
posaient, eux aussi, de faire entendre la grande voix des
explosions.

« Il était question de faire sauter le palais Bourbon ;
M. Gambetta en avait été avisé et quelques précautions
furent prises.

« Mais en même temps qu'ils songeaient à étonner le
monde par la destruction de mon honorable ami Truelle,
les compagnons voulaient avoir un journal pour propager leurs doctrines.

« Si j'ai combattu leurs projets de propagande par le
fait, j'ai du moins favorisé la divulgation de leurs doctrines par la voie de la presse et je n'ai pas de raisons
pour me soustraire plus longtemps à leur reconnais-
sance.

« Les compagnons cherchaient un bailleur de fonds;
mais, l'infâme capital ne mettait aucun empressement à
répondre à leur appel.

« Je poussai par les épaules l'infâme capital et je par-
vins à lui persuader qu'il était de son intérêt de favoriser
la publication d'un journal anarchiste.

« On ne supprime pas les doctrines en les empêchant de
se produire et celles dont il s'agit ne gagnent pas à être
connues.

« Donner un journal aux anarchistes, c'était d'ailleurs
placer un téléphone entre la salle des conspirations et
le cabinet du préfet de police.

« On n'a pas de secrets pour un bailleur de fonds et j'allais connaître jour par jour les plus mystérieux desseins. Le palais Bourbon allait être sauvé ; les représentants du peuple pouvaient délibérer en paix.

« Ne croyez pas d'ailleurs que j'offris brutalement aux anarchistes les encouragements du préfet de police.

« J'envoyai un bourgeois, bien vêtu, trouver un des plus actifs et des plus intelligents d'entre eux. Il expliqua qu'ayant acquis quelque fortune dans le commerce de la droguerie, il désirait consacrer une partie de ses revenus à favoriser la propagande socialiste.

« Ce bourgeois, qui voulait être mangé, n'inspira aucune suspicion aux compagnons. Par ses mains, je déposai un cautionnement dans les caisses de l'Etat, et le journal *la Révolution sociale* fit son apparition, etc. »

Mais le préfet de police ne se bornait pas à faire la propagande par la fondation de ce journal, il l'encourageait encore par le fait. Voir la suite de l'article, même volume, p. 346 :

« On convint que, pour se faire la main, on s'attaquerait d'abord à la statue de M. Thiers récemment inaugurée à Saint-Germain. Les compagnons partirent pour Saint-Germain, emportant l'infernale machine : c'était une boîte à sardines remplie de fulmi-coton et soigneusement enveloppée dans un mouchoir.

« Je connaissais ce complot plein d'horreur, je savais l'heure du départ pour Saint-Germain, je connaissais aussi l'heure du crime projeté.

« Qu'allais-je faire ?

« Il fallait que l'acte fût consommé pour que la répression fût possible. Je n'hésitai point à sacrifier le libérateur du territoire pour sauver le palais Bourbon.

« Quand la nuit fut venue, les compagnons se glissèrent dans l'ombre à travers les arbres séculaires, arrivèrent jusqu'à la statue.

« La pâle lueur de la lune éclairait le visage de ce vieillard en bronze, qui, sous ses lunettes, semblait regarder d'un air narquois les conspirateurs.

« L'un d'eux plaça la boîte à sardines sur le socle de la statue, entre les pieds du fauteuil de M. Thiers.

« Une longue mèche pendait le long du piédestal. L'un des compagnons y mit le feu, tandis que ses camarades, autour des arbres voisins, parsemaient le sol de proclamations révolutionnaires ; puis, quand le feu commença à monter lentement, le long de la meule, les compagnons s'enfuirent à toutes jambes jusqu'au bas de la colline....

« La statue était intacte ; une large tache noire était la seule trace de l'attentat.

« Je connaissais les noms des conspirateurs ; j'avais voyagé avec eux, du moins par procuration ; j'avais tout vu, tout entendu.... »

Les auteurs de cet attentat ne furent donc pas inquiétés, et c'est surtout ce qui les enhardit par le passé.

M. Andrieux ne nous dit pas s'il s'est retiré de l'association, ou s'il en fait encore partie ; dans ce dernier cas, il pourrait aider son successeur dans la recherche des coupables, puisqu'il voyage par procuration avec les dynamiteurs, et, à l'encontre du forfait dont le détail est donné ci-dessus, les explosions ayant parfaitement réussi, en faisant plusieurs victimes, la répresssion est aujourd'hui possible.

Quel était donc le véritable but de M. Andrieux, était-ce vraiment pour se tenir au courant de ce que faisaient les anarchistes? J'aime à le croire ; mais il aurait dû, dans ce cas, donner son procédé à son successeur, afin que connaissant les attentats qui devaient se commettre, les auteurs fussent immédiatement arrêtés.

Quoi qu'il en soit, par le moyen employé, grâce à cette propagande, le parti recruta de nombreux adeptes, les uns, et ce sont certainement les plus nombreux, inconséquents, d'autres, malfaiteurs par nature qui profitaient de la faiblesse de leurs coreligionnaires pour se livrer à leurs méfaits, et enfin des agents provocateurs étrangers.

Il y a donc un triage à faire : expulser dans une large mesure tous les étrangers qui sont une cause quelconque de troubles dans notre pays ; punir sévèrement les malfaiteurs, et se montrer très indulgent pour les malheureux qui, par faiblesse et sans réflexion, se sont laissés entraîner dans cette voie. Il suffirait donc d'une bonne morale pour ramener les égarés.

La grande misère du peuple est souvent, chez quelques-uns, une cause de trouble moral, qui fait qu'ils ne voient pas le danger qu'il y a, pour la société et pour eux, à pratiquer des doctrines qu'ils ne connaissent que superficiellement.

Etant moi-même du peuple, j'ai vécu de la même vie, souffert des mêmes privations. Je suis par conséquent à même d'étudier une question qui nous intéresse tous, en indiquant les moyens propres à obtenir le résultat espéré.

Je ne suis point rhétoricien, je ne puis me servir d'un langage fleuri que je ne connais pas ; je parle le langage des travailleurs auxquels j'appartiens.

Les travailleurs, qui forment la majorité de la nation, ont donc des droits incontestables à être entendus, écoutés dans leurs justes réclamations, et le gouvernement lui-même devrait prendre des mesures nécessaires pour soutenir le faible contre le fort.

Dans les travailleurs sont comprises toutes les classes de la société, vivant de leur labeur.

Les employés de l'Etat, ceux des différentes administrations commerciales et industrielles, et les ouvriers de tous corps de métiers.

Dans les employés des différentes administrations de l'Etat, combien de malheureux ne gagnent que des appointements dérisoires, tels que les cantonniers, les facteurs, les petits employés qui, tout en ayant des capacités exceptionnelles, végètent toute leur vie et font le service de certains chefs qui, n'ayant pas, eux, les qualités nécessaires ou ne connaissant pas le service et se souciant très peu de l'apprendre, sont placés à la tête des services par protection et ne sont là en réalité que pour émarger ; ceci existe cependant encore sous le gouvernement de la République, qui ne devrait s'entourer que d'employés capables et fidèles, sans s'inquiéter s'ils sont fils ou neveux de hauts fonctionnaires.

On a beaucoup promis aux travailleurs, mais qu'a-t-on fait?... Rien; des promesses, toujours, mais des faits, jamais.

Chaque fois que les conseillers municipaux, les conseillers généraux, les députés et sénateurs se présentent devant leurs électeurs, ils promettent une foule de réformes, et je veux bien croire qu'ils sont sincères, qu'ils sont absolument convaincus, mais ils se trouvent cependant dans l'impossibilité de tenir leurs promesses.

A quoi cela tient-il?...

C'est qu'ils n'ont pas le temps matériel nécessaire pour s'occuper de réformes, c'est-à-dire d'innovations, puisque les affaires courantes elles-mêmes subissent un retard considérable, et trop souvent nous en avons des preuves irrécusables par le vote des douzièmes provisoires, qui ne sont pas faits pour attirer la confiance.

C'est que la durée des travaux parlementaires est trop courte, et qu'il est impossible pendant ce court espace de temps de faire les travaux dont la nation a cependant le plus grand besoin.

Cela vient de ce que nombre de députés et sénateurs sont : industriel, maire et conseiller général.

Ces trois mandats électifs devraient être distincts, ou tout au moins celui de député et sénateur est incompatible avec celui de maire ou de conseiller général, car pendant que les premiers sont à Paris, où les appellent leurs fonctions à la Chambre, les seconds peuvent employer utilement leur temps aux travaux de leur commune ou du département.

La session des conseils généraux n'obligerait pas les

Chambres à se mettre en vacances, et cette année surtout où les conseillers généraux vont demander le renouvellement de leur mandat ; il s'ensuit que pendant la période électorale, les Chambres seront privées de nos représentants qui pourraient pourtant y faire utile besogne.

C'est aux électeurs à apprécier s'ils doivent laisser subsister le cumul de ces fonctions.

Il y va de leur intérêt ; qu'ils réfléchissent bien et ne nomment que des conseillers généraux pouvant rester dans leur département, laissant à nos députés et sénateurs le temps qui leur manque aujourd'hui pour voter le budget en temps utile et pour créer des lois devant protéger la classe ouvrière, comme ils le lui ont du reste promis.

Qu'est devenue la question des caisses de retraites des ouvriers ?

Elle dormira longtemps encore dans les cartons, si nous continuons à suivre les mêmes errements du passé.

Il manque actuellement à la classe ouvrière l'esprit d'initiative, et cependant nous recevons tous les jours des leçons qui devraient pourtant nous être profitables.

Par la décentralisation des pouvoirs électifs, on verra s'augmenter l'instruction civique et politique dans nos villes et campagnes ; nous pourrons y introduire l'élément ouvrier, qui, par ses connaissances spéciales, sera d'un grand secours et rendra enfin les services nécessaires que demandent tous les travailleurs.

Pour donner un accès plus facile à la classe des travailleurs dans les conseils municipaux, il faudrait que ceux-ci soient rétribués.

Nous n'avons qu'à suivre pour cela l'exemple de la municipalité de Paris, dont les membres touchent chacun 6.000 francs.

La municipalité de Marseille va demander, ou aura peut-être demandé, quand paraîtront ces lignes, une allocation inscrite d'avance dans son programme, lequel a été ratifié par 24.000 suffrages.

Il pourrait en être de même dans toutes les villes, voire même jusque dans les villages où l'allocation serait tellement minime, que les finances communales, loin d'en être altérées, en ressentiraient les effets bienfaisants du jour où les conseillers pourront consacrer un peu plus de temps à l'examen des questions qui intéressent leurs communes.

En y introduisant l'élément ouvrier, on éviterait des travaux ruineux pour certaines localités, résultant quelquefois de la trop grande latitude donnée à quelques-uns d'entre ceux qui, plus favorisés par le sort, se trouvant dans une situation qui leur permet de consacrer plus de temps, font souvent exécuter des travaux en vue de donner une plus-value à leurs propriétés personnelles, au détriment des intérêts de tous ; on en a de nombreux exemples.

Passons maintenant à l'examen du sort de la classe ouvrière et cherchons les réformes nécessaires, qui toutes sont connues, ont été étudiées et dont la réalisation amènerait un notable changement, tant au point de vue du bien-être général qu'au point de vue de la sécurité et de la grandeur de la France.

En effet, parlons du manœuvre par exemple :

Le manœuvre, pour un travail long et pénible, reçoit un salaire de 0 fr. 22 à 0 fr. 30 à l'heure ; quelques-uns, mais ils sont rares, gagnent 0 fr. 35 ; la moyenne, en réalité, n'est que de 0 fr. 27, ce qui fait pour une journée moyenne de 10 heures de travail, les journées d'hiver étant très courtes, un salaire de 2 fr. 70 par jour de travail.

Ajoutez à cela que suivant le genre de travail, c'est-à-dire suivant que ces ouvriers sont occupés pour les travaux du dehors, travaux de bâtiments, routes, travaux de défenses, etc., ils perdent un nombre considérable de journées pendant la saison d'été, et l'hiver, une grande partie des travaux se trouvant arrêtés, bon nombre sont absolument sans travail.

Est-il possible à ces malheureux de vivre et élever une famille avec d'aussi maigres ressources?... De là la misère, les privations, les maladies qui en résultent, puis une fin malheureuse.

Les ouvriers de l'industrie sont sujets à des chômages périodiques.

Il en est de même pour tous les ouvriers du bâtiment : maçons, charpentiers, couvreurs, tailleurs de pierres, etc., qui, gagnant plus que les manœuvres, ne sont guère plus heureux, étant comme eux victimes du temps qui leur fait perdre un grand nombre de journées.

Une augmentation des salaires s'impose donc, afin que tous ces malheureux puissent vivre honorablement de leur travail.

Les mineurs sont intéressants à tous les points de vue et méritent aussi la plus grande attention.

En effet, ces malheureux, ensevelis dans les entrailles de la terre, pour une période de 10, 11 et même 12 heures de travail, sans revoir le jour, privés du grand air et de la lumière, travaillant à la lueur fumeuse de leurs lampes, exposés à mille dangers, à mille morts, ainsi qu'il résulte du long martyrologe auquel chaque année vient s'ajouter un nombre considérable de nouvelles victimes ; travaillant sans cesse avec la crainte de ne pouvoir remonter à la surface où leurs femmes et leurs enfants attendent anxieux le retour ; n'ayant d'autre avenir, d'autre perspective que de redescendre le lendemain et tant que n'ayant pas succombé aux accidents de toute sorte suspendus sur leurs têtes, ils peuvent continuer ce dur labeur, qui a bien vite usé les constitutions les plus robustes, par la respiration de cet air vicié, autant par les émanations de la mine que par la fumée qui suit les explosions et par l'humidité.

Ces malheureux, sont cependant exposés à tous ces dangers, pour gagner une journée très modeste.

Les piqueurs, touchent un salaire de 5 à 6 francs par jour. — Celui des boiseurs et mineurs au rocher est de 4 fr.50 à 5 fr.

Les grands manœuvres, travaillant aussi à l'intérieur : rouleurs de bennes, pelleurs et remblayeurs, reçoivent un salaire journalier de 3 fr. 25 à 4 fr.

Les jeunes gens, encore incapables de faire de plus durs travaux, une journée de 2 à 3 francs.

Les ouvriers du dehors, ne gagnent qu'une journée de 2 fr. 50 à 3 francs.

Les femmes employées au triage des pierres dehors, gagnent de 1 fr. 50 à 2 fr.

Et cependant, la journée de chacun est rude, pour un aussi maigre salaire.

Leurs exigences ne sont pourtant pas excessives, ils se sont bornés à demander dans les congrès la journée de huit heures, qui devrait leur être accordée de préférence, vu les dangers de leur situation.

Ils demandent une légère augmentation sur leurs salaires, c'est-à-dire :

Une journée de 5,50 à 6 fr. pour les piqueurs, boiseurs et mineurs.

Une journée de 5 francs pour les grands manœuvres et une proportion analogue pour les salaires inférieurs, femmes et enfants et pour les manœuvres de l'extérieur.

Pour les caisses de secours et de retraites, ils demandent aussi que les allocations soient augmentées, et pour cela faire, ils demandent à pouvoir intervenir dans la gestion de leur caisse ; c'est, je crois, leur droit, puisque les sommes versées sont leur propriété.

Il est déplorable de voir que les quelques mineurs qui arrivent à accomplir trente années de service, et ils sont bien rares, ceux de l'intérieur surtout, ne reçoivent après ce laps de temps qu'une retraite d'environ 0 fr. 90 par jour.

Quelques compagnies vont cependant jusqu'à faire une retraite de 1 fr. 40 par jour, mais, outre qu'elles sont rares, très peu de ces braves arrivent à en profiter.

Les quelques rares ouvriers qui parviennent à leur retraite sont presque tous impotents, soit par suite des fatigues, douleurs ou accidents survenus pendant cette longue période ; la retraite est donc tout-à-fait insuffisante.

La caisse de secours aux blessés alloue de 1 à 1 fr. 25 par jour suivant les compagnies ; mais est-il possible que ces malheureux blessés pour le service des compagnies, endurent non seulement les souffrances physiques, résultant de leurs blessures, mais souffrent encore moralement de la misère que leur incapacité de travail amène dans leur ménage.

Et cependant, messieurs les capitalistes, vous avez amassé des fortunes colossales dans l'exploitation de vos mines, pendant que ceux qui vous procurent le bien-être sont sujets à la misère et à des morts affreuses, laissant ainsi leurs familles dans le plus grand dénument, et dans la désolation.

La fortune est aveugle et elle rend aveugle, mais n'entendez-vous pas cette immense plainte des travailleurs ?

Ils souffrent réellement et il suffirait de bien peu pour soulager autant de misères, les fortunes n'en seraient pas diminuées, car le travail prendrait un nouvel essor par suite du bien-être de tous.

L'augmentation des salaires pour toutes les classes des travailleurs, procurerait un bien-être général, et le commerce, l'industrie et l'État lui-même profiteraient largement de cette amélioration.

Les transactions deviendraient plus nombreuses, puisque le travailleur en général, gagnant davantage, pourrait se procurer un bien-être relatif et dépenserait par conséquent davantage, ce qui favoriserait le développement du commerce et de l'industrie.

Les communes et l'État verraient augmenter leurs recettes dans de notables proportions, puisque quantité quantité des aliments ou objets dont le travailleur se passe aujourd'hui et qu'il pourrait alors se procurer, sont frappés d'impôts et aussi de ce qu'une quantité de cotes qui aujourd'hui sont irrécouvrables par suite de la misère, le deviendraient alors.

Les bureaux de bienfaisance pourraient avec plus d'efficacité soulager les misères, le nombre des malheureux étant plus restreint.

Enfin la force de notre patrie s'augmenterait graduellement, par suite du bien-être.

En effet, la population de la France tend à décroître.

Sa richesse par conséquent tend à diminuer avec sa population, car ce qui constitue la fortune d'une nation, c'est le plus grand nombre de ses enfants, qui font en même temps sa force.

Cette décroissance de la population, est encore le résultat de la pauvreté, je dirai plus, de la misère de la majeure partie de sa population.

La moyenne de la vie tend à s'abaisser, de ce que les grandes masses, n'ayant pas les moyens nécessaires pour se soigner, il s'en suit que leur santé s'use vite, par suite des privations de toute sorte.

Alimentation insuffisante, souvent malsaine, air vicié respiré dans un grand nombre d'ateliers et voire même jusque dans les habitations, les ouvriers dépourvus de ressources pour se procurer un logement convenable, habitent souvent des taudis infects, humides, où l'air et la lumière sont insuffisants.

De là, une foule de maladies qui les enlèvent à la fleur de l'âge. Les enfants en naissant apportent le germe de ces maladies et succombent en grande partie pendant le premier âge.

Combien de filles, perdues par la misère, font le désespoir de leurs parents et succombent elles-mêmes par des maladies honteuses..

Combien de malheureux vont s'asseoir journellement aux bancs des tribunaux correctionnels et des cours d'assises, poussés quelquefois par la faim à commettre des crimes.

Tous ces maux pourtant pourraient être atténués par une plus juste répartition de la fortune publique, répartition qui doit se faire par le travail.

Le devoir de l'Etat est de s'occuper de ses enfants, qui constituent sa richesse et sa force.

Sa richesse, puisque le malheureux est celui qui paie le plus d'impôts sous toutes les formes, relativement à l'importance de ses salaires; l'ouvrier ne récolte rien puisqu'il ne possède pas de propriété, il a donc besoin d'intermédiaires pour les choses qui lui sont nécessaires, boulangers, épiciers, bouchers, marchands de vins, etc.

Tous ces commerçants paient patente, une grande partie des objets qu'ils vendent ont acquitté des droits, c'est donc le consommateur qui paie tout cela.

Il en est de même pour l'impôt foncier payé par le propriétaire cultivateur ou par le propriétaire en bâtiments, tous ces impôts sont donc payés par le consommateur ou le locataire.

Le travailleur constitue aussi la force de l'Etat, puisque formant la majeure partie de la nation et que tous nous sommes soldats, que tous, nous sommes prêts à donner la dernière goutte de notre sang pour défendre notre patrie, nous l'avons prouvé, et ce n'est pas dans la classe pauvre que se sont trouvés des lâches et des traîtres, nous avons donc droit à une légère compensation, c'est-à-dire un peu du superflu de ceux pour lesquels nous mourons en défendant les propriétés et les richesses.

En protégeant ses enfants, la France obtiendra une véritable sécurité, car nous éviterons les troubles qui pourraient se produire, soit par suite des grèves ou toute autre cause qui pourrait amener un soulèvement de la nation.

Qu'arriverait-il alors ?

Les conséquences pourraient en être désastreuses, car, la triple alliance sur laquelle pèse péniblement cette paix armée, où ses finances s'épuisent, comme nous pouvons en juger par ce qui se passe actuellement chez nos voisins, profiterait de ces troubles, qui diminueraient nos forces, notre armée se trouvant momentanément privée d'une quantité de ses soldats, et avant que revenus de notre stupeur, tout ce que nous comptons de français, de patriotes, laissent là nos discordes intérieures pour courir aux frontières arrêter l'invasion étrangère, nous n'éviterions pas alors d'immenses désastres.

Que deviendrait alors notre pauvre France ?

A quoi aurait servi toutes les privations que nous nous sommes imposées jusqu'à ce jour, depuis notre malheureuse défaite, et tous les travaux exécutés ?

Cette seule pensée fait frémir d'épouvante, car les conséquences en seraient terribles.

Nos vainqueurs de 1870-71 seraient d'autant plus exigeants, qu'ils avaient cru à cette époque écraser notre pays, qu'ils avaient cru rendre notre relèvement impossible, mais que malgré les profondes blessures qui lui ont été faites, notre patrie s'est relevée plus forte que jamais.

Nous devons donc aujourd'hui, pour améliorer le sort de nos travailleurs, chercher de nouveaux travaux où la France trouvera des richesses inépuisables.

En effet, vingt-et-un ans nous séparent de cette guerre désastreuse d'où notre patrie sortit mutilée, mais non pas anéantie.

Depuis cette époque, de grands travaux ont été faits pour la réfection et la construction d'une quantité d'ouvrages de défense, l'organisation de notre armée, la fabrication d'un armement qui nous place au premier rang des nations.

D'autres travaux non moins importants ont été exécutés.

La création de maisons d'écoles, groupes scolaires, barrages, écluses, routes stratégiques, chemins de toute sorte donnant un accès facile sur toute l'étendue de notre territoire.

Des chemins de fer sillonnent la France dans tous les sens, voire même jusque sur nos montagnes, où ils décrivent leurs courbes capricieuses, tantôt s'enfonçant dans un souterrain pour éviter un obstacle qui s'oppose au passage, et tantôt traversant des rivières et des ravins d'une grande largeur, sur des aqueducs hardis, lancés pour relier deux montagnes.

On a compris la nécessité de créer ces grands travaux, tant au point de vue de la défense nationale, pour pouvoir rapidement concentrer un corps d'armée sur un point menacé, que pour favoriser le développement de l'agriculture, du commerce et de l'industrie.

Mais, aujourd'hui, tous ces travaux sont terminés ou à peu près, et ceux à entreprendre actuellement, ne sont pas de première nécessité, et peu en rapport avec les avantages à en retirer.

Les industries transforment leur matériel et une quantité de machines viennent remplacer les bras de l'homme.

L'agriculture, aussi, transforme son matériel et emploie une quantité de machines, maintenant, pour diminuer la main-d'œuvre.

Si cela continue, le chômage qui se manifeste périodiquement dans certaines industries, ira toujours en s'aggravant, et un jour arrivera, où un nombre incalculable d'ouvriers se trouveront sans travail.

Pour éviter la misère et les désordres qui s'en suivraient, nous devrons chercher un autre champ d'expérience, où les travaux qui s'effectueront, sont appelés à rendre des services importants.

C'est là que le concours de l'Algérie nous devient utile, je dirai même plus, il nous est indispensable, pour amener le bien-être, la paix et l'union dans toutes les classes de la société, la grandeur, la force et la puissance de la France.

Notre pays, quoique déjà bien exploité, sillonné de chemins de fer et routes praticables, a senti que pour atteindre son entier développement au point de vue commercial, industriel et agricole, il y avait encore beaucoup à faire, c'est pour cela que l'on n'a pas hésité à faire les grands travaux qui se sont accomplis en un si court espace de temps, et qui auraient dus apporter le bien-être que l'on était en droit d'en espérer; malheureusement, l'étranger a envahi nos chantiers et bientôt, l'élément étranger était substitué aux Français, soit que l'étranger ait travaillé à meilleur marché, soit que les entrepreneurs étant pour la plupart de nationalité italienne, n'occupassent que des employés et ouvriers italiens.

Nos nationaux n'ont donc pas tiré grand profit de tous ces travaux, il serait donc juste aujourd'hui de remédier à cet état de choses en ouvrant de grands travaux en Algérie, destinés à occuper non seulement les Français, mais encore tous les bras étrangers disponibles, et d'où la France doit tirer le bonheur.

L'Algérie n'est par le fait que le prolongement de la France, la richesse de son sol aussi bien que son climat bienfaisant, appellent nos efforts, pour la transformer et en faire une alliée naturelle, forte, riche et puissante, partageant avec la mère-patrie, ses ressources, ses richesses et ses soldats.

Outre la fertilité, le sol renferme des richesses de toutes sortes qui nous tendent les bras, mais ne peuvent être exploitées en ce moment, faute de voies de communication. Nous trouvons du fer, du cuivre, du plomb, de l'étain, des carrières de plâtre, de chaux, de ciment, etc., et une quantité d'autres, qui se découvriront au fur et à mesure de l'avancement des travaux.

Il n'y a donc plus à hésiter et il faut, à l'égal de ce qui a été fait en France, sillonner l'Algérie de chemins de fer, de routes praticables.

Pour obtenir un bon résultat, il ne faut point laisser la colonie opérer avec ses seules ressources, qui sont insuffisantes ; c'est là que le rôle de la France doit commencer, c'est par ce moyen que nous arriverons à atteindre l'apogée de la gloire, en devenant le pivot de la civilisation.

L'Algérie, qui n'est encore aujourd'hui qu'à l'état d'embryon, a plus que jamais besoin de la mère-patrie, pour atteindre son entier développement par lequel nous acquerrons la fortune nationale, la grandeur de notre patrie, sa force et sa toute-puissance.

Une comparaison de l'état actuel et de l'époque si critique de 1871 me paraît nécessaire à la clarté de ce qui va suivre..

Lors des immenses désastres qui frappèrent alors notre patrie, lorsque les trahisons privèrent notre armée de ses meilleurs soldats ; qu'écrasés par le nombre, de retraite en retraite, nous fûmes refoulés jusqu'à Paris, qu'une partie de notre territoire fut envahie par les Allemands, qui non contents d'avoir pillé, volé, rançonné tout ce qu'ils trouvèrent sur leur passage ne laissèrent derrière eux que la désolation et la mort ; lorsqu'ils nous eurent arraché nos deux malheureuses provinces d'Alsace et Lorraine, qui aujourd'hui sont en butte à toute leur haine jalouse, non encore satisfaits, ils nous demandèrent une rançon formidable, espérant bien que nous nous trouverions dans l'impossibilité de la leur fournir ; aussi, pour assurer l'exécution de cette convention, ils continuèrent à occuper militairement le territoire envahi, faisant nourrir leurs troupes par les villes et villages dans lesquels elles se trouvaient cantonnées.

La France alors, quoique affaiblie par cette lutte inégale, désolée des pertes éprouvées dans ses plus braves enfants, aussi bien que la perte des belles provinces dont nous portons encore le deuil, la France, malgré toutes ses douleurs, se releva fièrement et, à la barbe des Allemands, fit un appel aux capitaux.

Nous nous souvenons tous de l'heureux résultat qu'elle obtint, alors qu'il lui était demandé cinq milliards pour la libération de son territoire, il y en eut 40 de souscrits ! ....

La somme énorme que nous empruntions alors était certes destinée à une grande œuvre, puisqu'il s'agissait de racheter le territoire envahi par nos ennemis, qui attendaient cette somme, comme le vautour guette sa proie.

Mais il n'en était pas moins vrai que ces capitaux étaient déstinés à passer à l'étranger, pour gonfler les coffres Teutons, qui ne laissaient derrière eux qu'un pays dévasté.

Cette malheureuse campagne, nous avait déjà énormément coûté, par les pertes éprouvées dans nos soldats, pertes de matériel, destructions de nos travaux d'art, de nos monuments, de nos fortifications, les indemnités à accorder aux malheureux dont les propriétés ont été saccagées, les habitations détruites, les pensions à fournir aux veuves et aux blessés.

La dette publique avant les hostilités s'élevait déjà à

plus de quatorze milliards, cette somme fut portée après nos désastres à plus de vingt milliards ! .... fameux héritage de l'empire qui au coup d'Etat de 1852 prenait la France avec une dette de cinq milliards cinq cent seize millions.

Malgré sa dette énorme, la France n'a pas été trop affaiblie, puisque depuis cette époque, elle a fait exécuter des travaux surprenants, et qu'à l'heure actuelle, ses finances ne sont pas en trop mauvais état, surtout, si nous nous comparons à nos voisins, qui malgré les sommes énormes qui rentrent chez eux chaque année, provenant des travaux exécutés en France par leurs nationaux, se voient dans l'impossibilité d'équilibrer leur budget.

Ceci vu, nous ne devons donc plus hésiter aujourd'hui et le devoir du gouvernement français est donc d'autoriser le gouvernement général de l'Algérie de contracter un emprunt sous la garantie de la France, pour opérer en Algérie, les grands travaux destinés à faire de l'Algérie une seconde France, forte, puissante et riche, pouvant lui venir en aide par ses ressources pécuniaires, résultant du produit de l'agriculture, du commerce et de l'industrie qui prendront une extension considérable, lorsque des voies de communication relieront l'intérieur aux ports du littoral.

Que le gouvernement prenne l'initiative des travaux qui lui incombent, tels que routes, chemins de fer stratégiques, et il sera bientôt secondé dans sa tâche par les capitalistes s'érigeant en Sociétés, qui se voyant alors en parfaite sécurité, sortiront de dessous terre des capitaux qui dorment aujourd'hui et rivaliseront de zèle pour l'exploitation agricole et minière. Une foule d'industries pourront s'établir sur place, des raffineries, des hauts-fourneaux, des ateliers de construction, etc., etc., amenant avec elles une quantité d'ouvriers et d'employés, destinés à coloniser cette nouvelle France si longtemps méconnue.

Par la colonisation, par les ressources que nous retirerons de ces travaux indispensables, les sommes employées seront bientôt retrouvées et décuplées, puisque nous pourrons nous procurer dans le pays, quantité d'objets que nous sommes obligés de tirer de l'étranger, en diminuant chez nous et la fortune monétaire et la main-d'œuvre pour la fabrication des objets que nous sommes obligés de nous procurer.

Partie des sommes qui sont employées chaque année à nos achats à l'étranger, reviendront directement dans les caisses de l'Etat, par l'exploitation des produits de toute sorte et non seulement les capitaux de nos commerçants et industriels resteront en France où ils fructifieront, mais encore ils s'augmenteront des achats faits à leur tour par les nations étrangères.

Ci-après tableaux des importations et exportations pour le département d'Alger seulement; comparaison entre les années 1886 et 1891.

On pourra se rendre un compte exact de la progression sensible opérée pendant ce court espace de temps.

Mouvement commercial des ports du département d'Alger.
IMPORTATIONS.

Comparaison entre les années 1886 et 1891.

DÉSIGNATION DES MARCHANDISES		1886	1891
Viandes salées	kilogr.	304.937	291.395
Graisses (saindoux)	»	570.064	582.623
Fromages	»	873.584	1.107.533
Poissons de mer salés ou marinés	»	700.205	501.781
Céréales { Blé	»	1.299.900	213.509
Céréales { Orge	»	1.500	20.630
Céréales { Avoine	»	»	»
Farines de froment	»	3.623.179	397.620
Riz	»	1.063.941	1.409.621
Pommes de terre	»	4.811.694	6.917.352
Légumes secs et leurs farines	»	1.590.687	2.107.624
Fruits { frais	»	21.051	Néant p. cause phyll.
Fruits { secs ou tapés	»	761.346	1.811.936
Fruits { oléagineux	»	125.106	203.617
Sucre { brut	»	750.904	901.132
Sucre { rafiné	»	5.090.356	4.929.417
Café	»	1.564.335	1.618.219
Tabacs { en feuilles	»	385.705	369.219
Tabacs { fabriqués	»	71.226	62.630
Huiles { d'olives	»	77.174	87.812
Huiles { de graines	»	1.483.705	2.418.639
Bois à construire { bruts	»	3.264.000	14.938.714
Bois à construire { sciés	»	19.690.000	18.287.000
Huiles minérales	»	2.667.053	2.617.498
Houille	»	37.434.900	86.263.600
Fonte, fers, aciers	»	5.691.518	12.287.120
Savon ordinaire	»	2.136.238	2.419.637
Acide stéarique ouvré	»	491.054	842.718
Poterie de terre grossière	»	521.716	738.619
Faïence, porcelaine et grès	»	533.128	742.318
Papier et carton	»	1.597.481	2.137.694
Matériaux			42.670.832
Verres et cristaux		Ces articles pour l'année 1886 étant déclarés en valeur, il m'a été impossible de trouver les poids pour la comparaison à faire avec l'année 1891 indiquée ci-contre.	1.972.835
Tissus { de coton			4.976.840
Tissus { de chanvre			2.000.758
Tissus { de laine			444.964
Tissus { de soie			6.237
Peaux préparées et ouvrées			699.297
Ouvrages en métaux			5.789.536
Boissons { Vins de toute sorte	lit.	8.230.988	3.427.629
Boissons { Eaux-de-vie, liqueurs	»	1.031.947	3.782.101

Mouvement commercial des Ports du département d'Alger.
EXPORTATIONS
Comparaison entre les années 1886 et 1891.

DÉSIGNATION DES MARCHANDISES		1886	1891
Peaux brutes	kilogr.	388.813	973.638
Boyaux frais ou salés	»	24.773	77.412
Laine en masse	»	781.359	2.348.517
Soies	»	5.993	984
Cire non ouvrée	»	11.146	42.422
Graisses de toutes sortes	»	95.622	136.814
Poissons de mer secs, salés ou fumés		895.265	932.113
Os, sabots et cornes de bétail brut		394.232	501.892
Céréales { blé	»	10.211.200	7.846.329
Céréales { orge	»	5.623.800	1.317.834
Céréales { avoine	»	4.718.100	3.902.400
Farines de toute sortes	»	960.100	980.000
Pommes de terres	»	1.575.405	2.163.525
Légumes { secs et leurs farines	»	1.260.526	1.382.209
Légumes { verts	»	2.471.474	2.843.617
Alpiste	»	578.655	428.512
Fruits { frais de toutes sortes	»	2.514.147	5.982.428
Fruits { secs ou tapés	»	1.461.753	4.128.397
Fruits { oléagineux	»	5.489	1.234
Tabacs { en feuilles	»	3.098.123	1.814.887
Tabacs { fabriqués	»	222.524	197.310
Huile d'olive	»	698.797	219.877
Liège brut	»	253.880	2.840.611
Joncs et roseaux	»	270,827	1.214
Lin { en graines	»	1.000.878	82.617
Lin { teillé	»	»	»
Lin { étoupé	»	»	»
Alfa	»	2.417.860	3.822.643
Crin végétal	»	5.283.732	6.128.717
Ecorces à tan	»	576.765	1.224.916
Feuilles de palmiers	»	1.016	182
Fourrage et son	»	2.236.488	1.211.865
Drilles	»	514.316	548.319
Plomb, métal brut	»	4.400	792.800
Minerais { de fer	»	275.032	1.240.000
Minerais { de cuivre	»	non encore exploité	»
Minerais { de zinc	»	id.	17.419.000
Minerais { de plomb	»	»	730.000
Chevaux	Têtes	355	244
Bêtes { bovines	»	683	17.425
Bêtes { ovines	»	144.128	471.507
Objets de collection	Valeur	329.427	263.144
Vins de toutes sortes	litre	17.367.234	97.034.511
Eaux-de-vie, liqueurs et alcool	»	46.027	193.629

L'année 1891 a été une année terrible pour l'Algérie, les sauterelles ayant fait de grands ravages, surtout dans les céréales et les légumes ; mais, les autres produits en général ont subi une notable augmentation ; les vins surtout se marquent par un accroissement de 79.667.277 litres par rapport à l'année 1886 et cette augmentation s'accentuera davantage encore, les plantations étant poussées avec la plus grande activité et les vignes déjà plantées devenant chaque année plus fortes.

Les exportations de l'année 1892, seront très intéressantes à consulter, elles feront connaître les avantages que l'Algérie a eus par l'effet de la rupture des traités de commerce avec l'Italie et l'Espagne, nos voisins et anciens concurrents méditerranéens.

L'élevage des chevaux, bêtes ovines et bovines, se fait sur une grande échelle et est susceptible d'une grande amélioration.

La France qui était tributaire de l'Allemagne, pour ses bêtes ovines, voit augmenter chaque année et d'une manière sensible sa production en Algérie.

Les trois provinces réunies en exportaient :

en	1889	770.000 têtes
en	1890	832.000 »

Puisque nous en sommes actuellement sur les races ovines, il serait bon, je crois, d'indiquer ici quelques moyens qui en favoriseraient plus encore l'élevage.

Les éleveurs sont en général des indigènes nomades, qui, emmenant leur famille et leur troupeau, vont planter leurs tentes, l'hiver, dans le désert qui pendant la saisou des pluies se couvre en partie d'une végétation luxuriante, et pendant la belle saison, lorsque la saison des pluies est terminée, ils quittent ces contrées pour prendre le chemin des hauts plateaux de la Kabylie, où ils font paître leurs troupeaux pendant l'été.

C'est là que, près du littoral, ils envoient dans les divers marchés environnants, les animaux gras au fur et à mesure de l'engraissement ; ces animaux achetés par des maquignons sont groupés et expédiés par troupeaux de 1.000 à 3.000 têtes ; c'est un commerce très lucratif, qui jusqu'ici, a donné d'excellents résultats à ceux qui s'en sont occupés.

Mais, pour arriver du désert, jusque sur les hauts plateaux, une distance de 7 à 800 et quelquefois même de 12 à 1,500 kilomètres les séparent du point de départ au but de leur voyage.

Ils traversent des plaines immenses desséchées, où leurs animaux ne trouvent même pas la nourriture qui leur serait nécessaire pour les soutenir pendant ce long et fatigant voyage, où ils ont à soutenir, outre des marches forcées, toute l'ardeur du soleil, ne rencontrant pas un arbre pour pouvoir s'abriter, et, ce qu'il y a de plus terrible, ne trouvant d'autre eau et à de grandes distances, que des mares saumâtres empestées d'une quantité considérable d'insectes, qui occasionnent à leurs troupeaux toute sorte de maladies et les déciment dans des proportions effrayantes ; c'est ainsi que la mortalité a atteint jusqu'au cinquième de la valeur d'un troupeau ; c'est une perte énorme, subie par l'éleveur, et qui prive notre marché de plus de 100.000 têtes par an.

Cette situation pourrait être améliorée par la création

de puits artésiens, de distance en distance, tant sur la longueur que sur la largeur.

Les frais du gouvernement ne seraient pas énormes et s'arrêteraient à la construction de ces ouvrages, les réparations et l'entretien pouvant s'obtenir par une contribution très minime du reste que chaque propriétaire de troupeaux serait tenu d'acquitter.

Chaque troupeau étant accompagné de chevaux, pour le transport des tentes, vêtements et provisions de bouche des bergers et de leur famille, les troupeaux pourraient être devancés par quelques conducteurs et leurs chevaux, qui seraient chargés d'approvisionner l'eau nécessaire à abreuver les troupeaux à leur arrivée.

Près de ces norias, établir quelques plantations d'arbres, devant servir d'abri contre les rayons du soleil aux troupeaux en repos.

Si le gouvernement prenait l'initiative de ces travaux, nul doute qu'il serait secondé dans sa tâche par les éleveurs, qui étendraient de plus en plus ces plantations, qui assainiraient ces plaines desséchées et la végétation du dessus, maintenant l'ombre et la fraîcheur, le sol se couvrirait bientôt d'une nourriture abondante pour les troupeaux de passage.

Ces travaux ne seraient pas très coûteux, et sont appelés à rendre d'immenses services, non seulement aux éleveurs, mais encore à tous les voyageurs obligés de traverser ces contrées, à nos troupes de passage, pour rejoindre nos postes de l'extrême Sud ou en revenant, qui souvent sont obligées de faire des provisions d'eau pour plusieurs jours pour hommes et chevaux, et ne reçoivent pendant ce temps qu'une ration souvent insuffisante.

La construction de ces puits rendrait donc d'utiles services, et l'élevage surtout en profiterait dans de larges proportions, ce qui tendra à augmenter la richesse non seulement de l'Algérie mais encore de la France, puisque nos capitaux resteront dans le pays, au lieu d'encourager l'élevage dans les pays où nous sommes encore obligés de nous procurer ce que nous ne produisons pas encore en assez grande quantité.

Par le petit exposé qui précède de la production actuelle en Algérie, on peut se rendre compte que tous les grands travaux s'y imposent, car si l'Algérie, dont le huitième à peine est actuellement colonisé, et malgré le manque de ces voies de communication, produit déjà autant, pour l'exportation, cette production sera bientôt décuplée, du jour où des voies faciles encourageront les colons et industriels à venir coloniser cette nouvelle patrie, dont le climat est absolument sain, le sol d'une fertilité prodigieuse, en même temps que d'une richesse minière remarquable.

L'Algérie occupe une étendue de 670.000 kilomètres carrés, c'est-à-dire, que son étendue serait du cinquième environ plus grande que la France.

Sa population européenne n'est encore que de 700.000 habitants, dont à peine 300.000 Français.

L'élément étranger tend donc à nous supplanter dans ce pays, et si leur nombre en est si grand, c'est parce qu'ils y trouvent leur intérêt.

Nous devons donc encourager la colonisation, soit par

la cession de terrains à nos nationaux, soit par les travaux qui manquent actuellement, et pour lesquels, les étrangers sont presque toujours préférés comme cela se passe actuellement en France, malgré les nombreuses protestations de nos nationaux.

La population arabe est de 4.000.000 d'habitants environ, de sorte qu'avec la population indigène et européenne, nous n'avons actuellement en Algérie que 4.700.000 habitants.

Les recettes ne sont pas en rapport avec les dépenses actuelles, de sorte que la France est obligée chaque année de couvrir le déficit du budget algérien, soit, que les indigènes étant très sobres et leur nourriture étant tout à fait primitive, ils n'emploient pas, ou très peu, les marchandises imposées, soit que les étrangers, opérant en Algérie comme en France, s'imposent des privations pour envoyer dans leurs pays la majeure partie de leurs salaires.

Le jour où ces travaux seront en voie d'exécution, où les Français de tous corps d'états se porteront en masse en Algérie, nous verrons augmenter dans de notables proportions, le produit de l'octroi de mer.

Le produit des impôts fonciers, les patentes, licences, etc..., augmenteraient aussi considérablement.

Les produits du timbre, de l'enregistrement, subiraient aussi la même marche ascendante, étant donné que le commerce et l'industrie prenant une plus grande extension, il se ferait un plus grand nombre d'actes.

Le nombre des hiverneurs serait bientôt décuplé, et

enfin tout en général prendrait une vie active qui manque aujourd'hui.

Certaines voies de chemin de fer pourraient se créer sans bourse délier de la part de l'Etat, et sans même avoir à garantir un intérêt quelconque ; bien au contraire, ceci deviendrait la source d'une augmentation sensible du revenu foncier ; l'État ne pouvant percevoir aujourd'hui un impôt sur des terrains qui ne sont pas encore cédés.

Voici en quoi consisterait ce procédé.

Que l'Etat cède à une Société, une certaine quantité de terrains, à charge par celle-ci d'y établir une voie ferrée.

Exemple :

Dans les parties non encore concédées, que l'État cède 10.000 hectares de terrains à une Société avec l'obligation pour cette Société d'établir une voie ferrée dans le milieu du terrain concédé, et ce dans un délai de cinq ans.

Ces 10.000 hectares seront disposés comme suit :

Une longueur de 100 kilomètres sur un kilomètre de largeur.

La Société, pour ses besoins personnels, voie directe, voies de garages, constructions diverses, conservant une largeur moyenne de 30 mètres, ce qui est plus que suffisant, qu'elle cède au département 10 mètres de largeur, à côté de la voie, pour l'établissement d'une route, ce qui fait en tout 40 mètres sur la largeur totale, il lui restera donc 960 mètres de libre, sur la largeur.

Si la Société crée sa voie dans le milieu de cette largeur, les terrains de chaque côté auront donc une valeur incontestable, puisqu'ils seront à proximité de cette voie ferrée, facilitant l'enlèvement des marchandises et leur transport à très bas prix.

Ces terrains deviendront donc d'une vente facile et ceux avoisinant les gares, pour l'établissement d'industries, maisons de commerces et villages, atteindront un prix très rémunérateur ; en évaluant le prix de ces terrains, tant ceux réservés à l'agriculture, que les terrains industriels, nous pouvons établir une moyenne de 0 fr. 10 le mètre carré, ce qui est loin d'être exagéré ; la Société trouverait donc 96 francs par mètre d'avancement, ou 96,000 francs par kilomètre, soit à peu près le prix de la voie ferrée y compris le matériel roulant.

Le capital engagé étant retrouvé au-delà, il ne restera donc plus à la charge de la Société que les frais d'exploitation, qui seront largement couverts par le tonnage des marchandises à transporter ; ces transports pourront être faits à très bas prix, et faciliteront au plus haut point le développement de notre agriculture et notre commerce, ainsi que l'industrie.

Ces Sociétés ainsi formées, auront encore pour but de faire baisser considérablement les prix de transports de celles qui existent déjà en Algérie et dont les prix sont tellement élevés qu'une quantité considérable de marchandises ne représentant pas une valeur intrinsèque suffisante, se voient privées aujourd'hui de ces transports, soit à l'importation soit à l'exportation.

Les compagnies actuelles diminueront donc leurs tarifs, du jour où d'autres compagnies, venant se rallier à elles, leur apporteront un tonnage plus considérable ; notre agriculture et notre commerce ont déjà fait de nombreux vœux tendant à faire diminuer ces prix qui pour certaines marchandises, sont en augmentation du 75 0/0 sur les compagnies correspondantes du réseau français.

La Chambre de commerce d'Alger s'est occupée des modifications à proposer pour l'abaissement de ces tarifs, notamment dans ses séances des 6 octobre 1890 et 22 décembre de la même année, dont nous pouvons extraire les passages suivants :

« La Chambre de commerce regrette qu'après avoir concédé à la Compagnie de l'Est Algérien le droit d'appliquer des tarifs aussi écrasants, pour le public et aussi différents de ceux en vigueur sur les chemins de fer de France, d'Allemagne, d'Italie, d'Autriche-Hongrie et des contrées commerçantes en général, le gouvernement ne se soit pas réservé le droit de la contraindre à les modifier, après avoir reconnu que leur application résulte d'une erreur économique paralysant l'exploitation agricole, industrielle et commerciale de l'Est de l'Algérie.

« Malgré l'impuissance de l'autorité supérieure, en matière de modification de tarifs, la chambre consulaire considère comme un devoir de signaler autant qu'il est en son pouvoir, les agissements d'une compagnie de chemins de fer dont l'exploitation constitue un fléau pour le pays et un poids mort à la charge du budget, etc., etc. »

Ces délibérations ont été transmises à M. le ministre des travaux publics, mais aucune suite n'a encore été donnée aux vœux exprimés par la Chambre de commerce, dans l'intérêt même de la colonisation.

Du jour où d'autres compagnies seront établies, celles existantes seront donc obligées d'abaisser leurs tarifs.

L'Algérie possède actuellement environ cinquante mines de fer, de cuivre, de plomb, de zinc ; mais qui ne peuvent être exploitées en ce moment, soit par suite du manque de voies de communication, soit que pour celles qui existent, les prix de transport sont trop élevés ; quelques-unes sont cependant exploitées avec succès, ce sont celles qui sont le plus rapprochées du littoral.

Lorsque les nouvelles compagnies fonctionneront et que les prix de transport seront suffisamment bas, il n'est pas douteux que l'exploitation de toutes ces mines, dont quelques-unes sont très riches, ne se fasse avec succès.

Les hauts-fourneaux, laminoirs et ateliers de contructions, viendront bientôt après s'y installer, donnant ainsi un nouvel essor à la colonisation.

Les employés, dont plusieurs milliers sont actuellement sans travail en France, trouveront des emplois selon leurs aptitudes, dans les chemins de fer, le commerce et l'industrie.

Les agriculteurs viendront aussi en grand nombre, d'autant plus que notre climat de France subissant de trop grandes variations, il s'en suit que les récoltes en souffrent et le produit n'est pas en rapport avec les dépenses faites et la peine déployée dans ces travaux.

Aussi, que de braves fermiers, qui après un travail opiniâtre, dans lequel ils ont usé avec leurs forces physiques, les ressources qu'ils avaient amassées au prix de tant de peines et de privations, voient d'un seul coup s'anéantir toutes leurs espérances.

Les encourager à coloniser l'Algérie sera facile, en leur

accordant des concessions suffisantes, sans être excessives, et en les aidant à s'établir, par la création d'un cré-
dit agricole, sous le patronage de l'État, leur faisant les
avances nécessaires en agrès, en semences et en bestiaux,
au fur et à mesure de la culture de leur concession.

Ce sont surtout les malheureux que nous devons encourager, car ceux-là du moins, ne devant leur avenir
qu'à leur travail, s'ils se voient soutenus, feront des prodiges, pour enfin arriver à une aisance relative les met-
tant, eux et leurs familles, à l'abri du besoin.

Par la colonisation rapide de l'Algérie, nous atteindrions
en même temps le but que l'on poursuit depuis si longtemps.

L'assimilation de la race indigène ne pourra raisonnablement se faire que lorsque la population européenne
sera à peu de chose près égale à la population arabe, qui
étant aujourd'hui de 4.000.000 d'habitants, augmenterait
considérablement nos forces.

L'exécution des grands travaux dont nous avons parlé
plus haut, ainsi que la culture, attireront en Algérie,
une quantité de Français, qui végètent aujourd'hui et
trouveront dans notre colonie, les emplois, selon leurs aptitudes ; une quantité d'étrangers aussi seront attirés
par ces grands travaux, et il ne sera pas difficile de les
obliger à devenir français.

La colonisation doit se poursuivre sagement, en laissant dans chaque village, une partie des terrains entre
les mains des Arabes ; de cette manière, ils seront cons-
tamment en contact avec les Européens, leur empruntant

leurs mœurs, leurs coutumes, et se civiliseront graduellement.

L'Arabe étant essentiellement intelligent, mais très fa-
natique, sa religion s'oppose en ce moment, à un rapprochement avec les nations européennes, aujourd'hui,
du reste, ils sont six fois plus nombreux que les Européens en Algérie, et l'élément européen ne se trouvant
que sur une partie très restreinte du territoire, il s'en
suit donc que les Arabes, aimant surtout leur liberté, vivent dans l'isolement, et ne s'entretiennent entre eux que
de leur grandeur déchue, ce qui ne contribue pas peu à
retarder leur rapprochement ; mais, lorsque la population
européenne aura augmenté, lorsque, par les travaux utiles, nous nous serons étendus dans toute l'Algérie, faisant surgir des champs, des jardins, des vergers, où
n'existait avant que déserts, l'Arabe, qui a l'amour des
grandes choses, nous admirera et nous aidera à rendre
notre œuvre fructueuse.

Nous pourrons alors en faire des électeurs et des soldats, ils seront frappés d'admiration par les progrès si
rapidement accomplis, et nous seront reconnaissants de
les sortir du néant où ils sont actuellement, se voyant
aujourd'hui préférer la race juive.

Ce qui les a froissés, ce dont ils gardent un désagréable
souvenir, c'est le décret de 1871 faisant Français tous les
Juifs se trouvant sur le territoire de la République et de
l'Algérie.

Le Juif est en général l'ennemi de toutes les nations,
aussi n'est-il pas aimé des Arabes, qui de dominateurs
autrefois, sont passés nuls aujourd'hui et à peu de chose

près, les esclaves de ceux qui autrefois leur baisaient les pieds.

Le Juif repoussé par toutes les nations, par ses coutumes usurières, est un parasite, un être nuisible.

On ne verra jamais un Juif gagner son pain par un travail corporel, demandant un déploiement de force physique, le Juif est commerçant, sans aucune franchise.

Il s'insinue partout, rampe dans l'ombre, arrive, humble et doux ; mais, bientôt encouragé par l'accueil qu'il reçoit, le Français étant essentiellement hospitalier, il profite de sa supériorité sur nous en matière de ruse coquine, nous suce, nous ronge, comme la pieuvre suce sa proie.

C'est ainsi que nombre de nos industriels et commerçants trop confiants ont perdu des sommes considérables par leurs relations d'affaires avec eux.

Le Juif forme une vaste société, dont le consistoire est la tête, ne possédant pas de drapeau, n'ayant pas de nation depuis l'an 718 avant J.-C., il se répandit sur toute la terre, afin d'y amasser les richesses nécessaires à la reconstitution de son pouvoir tombé.

A l'heure actuelle, ils possèdent des richesses immenses, grâce à leur esprit et à leur finesse usurière et bientôt, si nous n'y prenons garde, ils nous auront étouffés.

En France, dans les grandes villes, les principales maisons de commerce leur appartiennent, en Algérie, ils tiennent aussi tout le haut commerce, au détriment de nos nationaux, qui végètent et se ruinent.

Et maintenant, qu'ils sont expulsés de partout et qu'ils trouvent un refuge naturel dans notre patrie, leur nombre va toujours croissant ; ajoutez à cela qu'ils ont des familles très nombreuses, à l'inverse de ce qui arrive en France, où la population tend à diminuer ; si le gouvernement n'y prend garde, la race française sera submergée par cette marée montante.

Le Juif n'a rien pour le rendre intéressant, il n'est ni cultivateur, ni artisan, ni soldat ; il ne peut en effet faire un bon soldat, puisque depuis environ 2,700 ans, il ne possède pas de nation et n'a vécu qu'en rampant sur toute la terre, aussi n'a-t-il ni courage, ni force physique ou morale constituant un citoyen, un soldat.

L'Arabe au contraire, possède, au plus haut point, les principales qualités qui peuvent en faire un bon citoyen.

Il est de taille moyenne, vigoureusement constitué, et a le teint basané. Les traits de son visage expriment une fierté et une gravité noble.

Il est doué de beaucoup d'adresse naturelle, ingénieux et gracieux.

La tempérance, la bravoure, l'hospitalité et la fidélité, de même que l'amour de la poésie forment le fond de son caractère ; la passion de la vengeance et le penchant à la rapine déparent seuls ces belles qualités.

Avec les qualités qui le caractérise, nous pouvons nous en faire un puissant auxiliaire à tous les points de vue.

Cultivons ces intelligences, apprenons aux jeunes générations l'amour de leur nouvelle patrie ; faisons vibrer en eux les cordes du patriotisme et nos efforts seront bientôt couronnés de succès.

Les croisements, qui s'opéreront au contact des Européens, nous en feront bientôt une race d'élite, sous le rapport de la bravoure, de la littérature, des sciences et des arts, qui furent cultivés par eux avec succès.

En faisant des Français, des soldats, de nos indigènes, la France fera preuve d'une bonne politique, elle augmentera considérablement ses forces militaires, qui iront toujours croissantes par la naturalisation des étrangers attirés chez nous par nos travaux, et par l'adjonction des oasis du désert, qui avec le concours de nos indigènes, se ferait sans coup férir et mettrait sous notre domination, une population importante, disséminée dans ces pays aujourd'hui presque inconnus, et nous ouvrirait toute grande la route du Soudan.

Nous pourrions nous rendre maître des Ksours indépendants ; d'In-Salah, du Gourara, du Tidikelt, Igli, l'immense plateau du Tademaït qui met dans nos mains le cours de l'Oued Messaoura, qui arrose des forêts de palmiers, en remontant jusqu'à Figuig, sur un prolongement d'environ 600 kilomètres.

Figuig deviendrait le point central du commerce saharien, il commande la vallée de la Messaoura bordée par 250 Ksours, et possédant outre les palmiers dont il est parlé plus haut, des constructions très importantes et des jardins irrigables très étendus, fournissant largement à l'alimentation.

Il serait facile d'y installer une cidatelle, qui serait un porte-respect contre les pillards des pays environnants, et qui avec l'aide d'une milice formée dans le pays même aurait bientôt fait tomber dans nos mains toutes les populations nomades du désert, qui pressurent le pays, et qui à certaines époques, sont obligées de venir s'abriter dans les oasis où ils possèdent tous en général des silos, dans lesquels, ils enferment leurs marchandises et leurs provisions.

Nous arriverions ainsi à la soumission complète des Touaregs, restés insaisissables jusqu'à ce jour, mais qui le deviendraient du jour où nous possèderions leurs silos ; nous pourrions alors venger la mort de tant d'explorateurs lâchement égorgés, nous pourrions atteindre les assassins du colonel Flatters.

Lorsqu'enfin tous les grands travaux seront en bonne voie d'exécution, que tous rivaliseront de zèle pour la colonisation de ce beau pays, agriculteurs, industriels, commerçants amenant avec eux une nuée d'ouvriers, d'employés ; secondés dans notre tâche par l'élément arabe, nous aurons enfin soumis le désert.

De plus grands travaux encore s'imposeront, et deviendront une source inépuisable de richesses et de fécondité.

Nous pourrons alors construire le chemin de fer transaharien, dont le tracé avait été commencé par le colonel Flatters, qui fut lâchement assassiné avant d'avoir pu mener son œuvre à bonne fin.

Ce chemin de fer a fait l'objet de plusieurs délibérations de la Chambre de commerce d'Alger, notamment en 1862, lors de la mission à Ghadamès du chef d'escadrons Mircher et du capitaine d'état-major Polignac, laquelle fut suivie d'un traité conclu avec les tribus de Touareg Asgueur, et en 1874 lors de l'expédition à Insalah de l'explorateur Soleillet ;

Dans sa séance du 2 mai 1887 et enfin dans sa séance du 19 août 1890.

Il suffit de consulter les délibérations de la Chambre de commerce d'Alger, qui ayant étudié cette question à fond, est favorable à cette grande entreprise.

Ce chemin de fer qui ne serait pas pratique aujourd'hui, comme le faisait justement observer la Chambre de commerce ci-dessus, vu le peu de forces dont nous disposons en Algérie, pourra se faire sans crainte, lors de l'assimilation des indigènes, auxquels se joindront les populations du désert qui sont souvent pillées par les bandes de Touaregs nomades, qui ne vivent que de vol et de rapine.

On avait cru d'abord, et beaucoup croient encore, que le Sahara est une mer de sable, complètement aride ; il n'en est pourtant point ainsi.

Le Sahara, qui occupe un espace de 5,000 kilomètres en largeur, de l'Ouest à l'Est, entre le Cap blanc et la Nubie, et de 2,000 k. du Nord au Sud, est situé entre le 15ᵉ et le 35ᵉ degré de latitude Nord et entre le 19ᵉ degré de longitude Ouest et le 27ᵉ degré de longitude Est par rapport au méridien de Paris.

Une quantité de montagnes élevées, de plateau étagés, surgissent sur toute sa surface, des vallées sillonnées de fleuves déssechés pendant l'été et de rivières presque toujours sans eau pendant la même période.

Vous y rencontrez tantôt une plaine sablonneuse, sans verdure, sans végétations, sans eau, au milieu de laquelle se trouve une dépression de terrain humide, cultivable, cultivé et même peuplé, mais jamais boisé.

Tantôt des oasis à la végétation luxuriante qui comporte en général trois étages.

Les palmiers, qui s'élèvent à une grande hauteur et produisent des dattes de qualité très recherchée, abritant sous leurs têtes, les autres arbres fuitiers, tels que pommiers, poiriers, pêchers, abricotiers et autres arbres d'Europe, ainsi que toutes les espèces du pays, orangers, citroniers, etc., puis enfin la végétation inférieure, ou arbustes et herbacées.

Le tabac, le chanvre, le lin, les oléagineuses, le coton qui vient presque naturellement, l'alfa, qui couvre une grande partie des terrains sablonneux du Nord et n'a pas encore été exploité dans cette région, etc., etc...

L'eucaliptus, le mûrier, le saule, le peuplier, se plantent avec succès le long des canaux d'irrigation et poussent admirablement sans soins.

On y trouve des carrières de sel gemme, d'alun, du sulfate d'antimoine, du plâtre, de la chaux, du ciment, de l'argile, du salpêtre, l'émeraude, etc., etc., des minerais de fer dans le massif des Hoggars (1), qui occupent le centre du Sahara et sont couverts de neiges éternelles, alimentant une quantité de ruisseaux et de rivières, qui s'étendent ensuite dans les vallées, fertilisant tout sur leur passage.

Le climat, y est généralement sain et salubre, et pourrait être sensiblement amélioré, par une culture riche, des plantations, et une foule de notables améliorations

(1) Toutes ces richesses du sol sont appelées à être exploitées un jour pour la construction, la distance étant très grande, les produits que nous tirons aujourd'hui de France et d'Etranger, ne pourraient pénétrer jusque dans ces contrées lointaines, sans être notablement augmentés.

qui tout en rendant l'habitation de ces pays agréables, en augmenterait les richesses, qui contribueraient dans une large part à assurer un trafic rémunérateur à la ligne transaharienne.

On trouve encore dans le Sahara une quantité d'animaux servant aux besoins des transports et de l'alimentation.

Les chameaux et les dromadaires, dont on boit le lait, et dont la chair sert aussi à l'alimentation.

Les Mehara, pluriel de Mehari, qui font des courses de 30 à 40 lieues par jour et sont justement appelés les courriers ou vaisseaux du désert.

Les chevaux, race plus petite que la race algérienne, mais nerveux, agiles et infatigables.

Les races bovines, ovines et porcines.

Dans les animaux sauvages, on y trouve encore quelques lions, des panthères, des hyènes, chacals et renards, etc., des antilopes, des mouflons, gazelles, cerfs, daims, bisons, éléphants, bœufs, porteurs à bosse.

Dans les oiseaux, des autruches, outardes, pintades, faisans, perdrix, cailles, étourneaux, etc., etc.

Comme on le voit, la gent animale y est bien représentée ce qui indique surabondamment que le désert est susceptible, en grande partie du moins, d'une luxuriante culture, du jour où la civilisation y pénétrera avec une voie ferrée permettant d'utiliser tous les produits, qui aujourd'hui, ne peuvent être exploités que pour les besoins de peuplades habitant ces contrées et qui s'occupent très peu de culture, vivant en général de laitage, de dattes et de la chasse.

Les Garamates avaient creusé des milliers de puits artésiens, dont on trouve encore quelques vestiges ; mais ces pays ayant été en partie abandonnés, par suite des guerres continuelles qui s'y faisaient entre tribus, il s'en suit, que peu à peu on a laissé détruire par le temps de beaux travaux qui autrefois faisaient du désert actuel, un pays fertile, possédant des routes praticables dont il reste encore quelques traces.

Il faudrait aujourd'hui peu de chose pour le fertiliser en partie du moins et sur les points que le transaharien serait appelé à occuper, entre les divers oasis.

L'eau n'étant pas à une très grande profondeur, on l'amènerait facilement à la surface par des puits artésiens, par des canaux, destinés à utiliser les eaux des fleuves, tels que le Niger, l'Oued Messaoura, etc., etc.

Ce chemin de fer, tout en réunissant les oasis, serait un trait d'union entre l'Algérie et nos possessions du centre et de l'ouest de l'Afrique, telles que le Soudan, le Haut Niger, le Congo, le Sénégal, etc., etc., qui occupent une étendue de 2.882.000 kilomètres carrés, et dont l'exploitation ferait de nous les fournisseurs du monde entier.

On y trouve du fer, du cuivre de très bonne qualité et en quantité très abondante, du plomb, de l'étain et de l'argent.

Dans les arbres, l'ébène, l'ocoumé et quantité d'autres, propres à l'ameublement, la construction et le charronnage ; le caoutchouc et la gomme.

On y trouve l'ivoire ; sur les côtes, l'ambre gris, etc., etc.

Comme on le voit, tous ces travaux, tant en Algérie que dans le Sahara et nos colonies africaines, s'imposent

et sont destinés à découvrir des richesses inépuisables,
par l'agriculture, le commerce et l'industrie, qui feront
de la France une République forte, aimée, et admirée,
parce que tout en améliorant le sort si précaire aujour-
d'hui de la plus grande partie de ses enfants, ils amène-
ront la civilisation, le progrès et avec eux le bien-être, au
milieu de ces peuplades barbares.

Nous serons secondés dans notre œuvre régénératrice
par une grande partie de ces peuples, qui, ne possédant
aucun moyen de défense, sont réduits à l'esclavage par
d'autres peuples guerriers et souvent sacrifiés dans des
fêtes atroces où le sang de ces malheureux coule à flot,
au milieu des rires et des trépignements de joie de ces
sauvages.

Le drapeau de la France sera respecté et nous n'aurons plus à redouter des insultes telles que celles dont
s'est servi le roi du Dahomey, et qui sont destinées à li-
miter notre influence dans ces contrées, où une expédition aujourd'hui serait trop coûteuse et dans laquelle
nous sacrifierions une quantité de vies si chères à la
France, le climat sur certains point menacés aujourd'hui
n'étant pas supportable pour nos soldats, qui seront utilement remplacés par des milices formées dans le pays
même, où nous serons à juste titre regardés comme des
sauveurs.

La France deviendra en même temps le garant de la
paix européenne, soit que ses forces seront considérablement accrues, soit qu'elle prouvera que son ambition
ne consiste pas dans de nouvelles conquêtes, mais sim-
plement à affermir sa puissance sur notre sol et nos co-

lonies, tout en introduisant la civilisation dans des contrées barbares, à la porte des peuples civilisés.

Cette œuvre civilisatrice s'emparera bientôt de toutes
les nations, qui déposant les armes d'un commun accord
se lieront pour cette œuvre de paix destinée à nous ou-
vrir une ère nouvelle de paix, de civilisation et de bonheur.

Nous arriverons à ce jour tant désiré, où les frontières
s'effaceront, où tous les peuples deviendront frères, où
tous les efforts tendront à soulager les maux dont nous
sommes accablés aujourd'hui, ne demandant des richesses qu'à la terre, qui possède elle seule tous les trésors.

Nous serons alors vraiment et à juste titre admirés par
les générations suivantes qui auront hérité de nous des
plus belles qualités, dans l'union et la paix.

Par cette colonisation, nous atteindrons encore un autre résultat, nous arriverons à la destruction complète
des sauterelles, qui prenant naissance dans le désert, et
lorsque leur nourriture vient à leur manquer dans ces
contrées, envahissent les pays environnants, dans lesquels
se trouve notre colonie algérienne, ravagent tout sur leur
passage, et malgré les sommes énormes dépensées chaque année, ce sont des millions perdus par nos agriculteurs, nos commerçants, qui se trouvent sur les lieux, et
par la France entière qui en ressent les effets.

Actuellement, pourtant, tout le monde rivalise de zèle
pour combattre ce terrible fléau. Le gouvernement, les
sociétés, les colons et l'armée, qui a toujours prêté son
vaillant concours, lorsqu'il s'est agi de sauvegarder les
intérêts de la patrie.

Mais, que peuvent faire toutes ces volontés réunies dans un même élan patriotique, contre ces nuages ailés, qui parcourant de grandes distances à des hauteurs considérables, s'abattent tout-à-coup et dévastent, en un instant, des récoltes splendides qui ont coûté tant d'argent, de peines et de soins ?

Ils ne peuvent qu'amoindrir les ravages occasionnés par ces terribles acridiens, en détruisant les lieux de pontes et en protégeant les propriétés voisines contre les éclosions qui sont surveillées, le terrain est préparé, de larges fossés se trouvent creusés, sur le bord opposé duquel sont placés des appareils cypriotes destinés à barrer le passage à ces insectes avant qu'ils aient pris leurs ailes, ils s'entassent dans les fossés, où ils sont écrasés par les travailleurs, à l'aide d'énormes gourdins, ou par la marche, voire même par l'emploi de chevaux.

C'est la première invasion que nous devrions éviter, et pour cela, nous devons aller leur livrer bataille dans le désert, par les mêmes procédés ; car c'est là qu'elles prennent naissance, qu'elles éclosent à l'abri de toutes les poursuites dont elles sont l'objet en Algérie, soit que le désert n'étant pas suffisamment peuplé, les peuples qui l'habitent se voient dans l'impossibilité d'opérer cette destruction, ne disposant pas des moyens que nous employons, soit du reste qu'ils s'inquiètent peu des ravages que peuvent occasionner ces insectes, l'agriculture n'étant pas pour eux leur plus grande ressource, puisqu'ils se nourrissent surtout du produit de chasse ; soit aussi qu'ils emploient ces insectes à leur nourriture les uns les salent, d'autres les font sécher ; c'est donc un motif pour lequel ces peuplades, loin de chercher à les détruire, n'en dérangent pas les pontes.

Mais, avec la civilisation, ils préféreront bientôt les mets qui se préparent dans nos pays, aux sauces affreuses qu'ils peuvent faire de ces insectes.

Nous pourrons donc les combattre avec efficacité et en empêcher la propagation soit sur notre territoire, soit sur tout autre, où leur nombre est souvent un cas de choléra ou de peste.

Nous pourrons nous adjoindre un puissant auxiliaire, le martin, dont le nombre devrait être propagé à l'infini.

Le martin, genre d'oiseau de la famille des sturnidés, de l'ordre des passereaux, très rapproché par les caractères physiques des étourneaux, dont il s'éloigne pour les mœurs. Son vol est vif et saccadé.

Les martins rendent d'immenses services à l'agriculture en détruisant, chaque année, des millions de sauterelles.

Ces oiseaux s'effraient peu de la présence de l'homme, et seront par conséquent d'un élevage facile.

Il y en a plusieurs espèces, dont les plus connues sont :

Le martin triste, originaire du Bengale, de l'Ile de France et de Java.

Le martin roselin qui habite l'Asie et l'Afrique, mais se trouve peu en Algérie.

Il est donc de notre devoir d'en propager le nombre à l'infini, en créant des volières dans nos principales villes algériennes, puis dans les cantons et même dans les communes.

Le martin, faisant ordinairement deux couvées par an, nous en aurions bientôt une quantité suffisante, pour, à eux seuls, se charger de la destruction des sauterelles.

Qu'une vaste souscription s'organise, le gouvernement, les villes et communes, la France entière souscrira pour obtenir quantité de ces oiseaux, destinés à nous rendre de si grands services.

En attendant, nous devons continuer la lutte, mais toujours en nous approchant de l'extrême Sud, plus nous irons loin combattre ce fléau et moins nous en ressentirons les effets dans notre colonie.

Nous serons certainement encore secondés dans ce combat, par notre vaillante armée, qui comme par le passé, ne nous refusera par son concours dès l'instant qu'il y va des intérêts de la France.

Nous pourrions, pour cela, employer les pénitenciers militaires, voire même et à plus forte raison les pénitenciers civils, qui constituent aujourd'hui une lourde charge pour l'État.

Ce combat, organisé ainsi, rendrait de grands et utiles services, en dispensant pour une grande partie des dépenses énormes que nous faisons chaque année, en diminuant sensiblement les ravages occasionnés par les acridiens, et en réduisant le travail des prisons, qui est une grave atteinte aux intérêts généraux, même à ceux de l'État.

Quels sont ceux qui profitent du vice pour produire à meilleur marché ?

Ce sont les entrepreneurs des travaux des prisons qui empochent des bénéfices énormes, au détriment des ouvriers honnêtes, des commerçants, des industriels, de l'État lui-même.

Nous obtiendrions donc par là une économie, soit dans nos pénitenciers, soit des revenus du commerce et de l'industrie qui se trouveraient notablement augmentés, soit encore d'une notable partie des fonds dépensés chaque année pour venir en aide dans une très faible mesure, aux malheureux agriculteurs ravagés.

Les fonds provenant de cette économie pourraient être utilement employés avec ceux dont nous allons parler ci-dessous, à l'amortissement de la dette à contracter pour faire les travaux que nous avons déjà indiqués !

Nous possédons donc un autre moyen pour l'amortissement de ce capital.

La France et l'Algérie occupent actuellement une quantité d'étrangers, que nous pouvons chiffrer au bas mot à 1.200.000, chiffre qui doit nous servir de base à la comparaison ci-dessous.

Etant donné que nous occupons 1.200.000 étrangers, dont la moitié ne viennent en France que pendant la la bonne saison, laissant leurs familles dans leur pays, nous obtiendrons donc 600.000 hommes, qui exerçant diverses professions, manœuvres, maçons, mineurs et autres, profitant de la bonne saison pendant laquelle la journée est généralement de 12 heures, nous obtiendrons donc, une journée moyenne de 4 fr. 20.

Comptant sept mois de travail, c'est-à-dire 210 journées, sur lesquelles il convient de retrancher les jours de mauvais temps, les dimanches et les fêtes n'existant pas, pour les travaux pressés et encore moins pour l'élément étranger qui vient chez nous par un intérêt personnel, en réduisant le nombre ci-dessus de 35 journées, je dois être dans la vérité.

Nous obtiendrions donc le résultat suivant :

175 journées × 600,000 × 4.20 = 441.000.000

Si ces ouvriers, ne viennent travailler chez nous que pendant la bonne saison, c'est qu'ils ont leur famille, voire même des propriétés dans leur pays, cultivées par leurs femmes, leurs enfants et si les propriétés ont une étendue suffisante, par les ouvriers du pays, dont la journée atteint à peine un franc soit en Italie soit en Espagne.

S'ils viennent chez nous, c'est pour quelques-uns nourrir leur famille dans leur pays, pour d'autres, augmenter leur fortune ou leur propriété.

Il s'en suit par cela même, que sans s'imposer précisément de grandes privations, ils vivent chez nous le plus économiquement possible, car en général, les Italiens surtout sont très sobres.

Ils se mettent facilement dix dans une chambre, pour le logement et la nourriture, qui est des plus modestes, inutile ici de décrire la composition de leur repas, qui est suffisamment connue.

Ils ne paient pour cela aucune taxe, ni droit de séjour ni taxe mobilière puisqu'ils n'en ont point et sont sujets à de fréquents changements.

Leur manière de vivre fait que la majorité de leur salaire passe dans leur pays, au détriment des intérêts de l'Etat puisqu'ils ne paient aucune taxe, du commerce et de l'industrie, puisque nous nous trouvons privés de sommes énormes passant à l'étranger.

Ne comptant que la moitié des salaires, chiffre toujours inférieur à celui qui nous est soustrait chaque année nous obtenons donc 220.500.000 francs, qui chaque année et pour cette seule catégorie passent à l'étranger au détriment de notre commerce français et de notre industrie, si les salaires étaient répartis sur une quantité de nos nationaux qui se trouvent sans travail.

Ajoutons à la somme ci-dessus, 100 millions pour les 600,000 qui restent pendant les douze mois de l'année, c'est donc 300.000.000 dont nous sommes privés.

Ce chiffre est certainement bien au-dessous de la vérité. Mais, puisqu'ils ne paient aucune taxe, qu'ils emportent chez eux l'argent de la France, qui peut-être est destiné à se tourner contre elle un jour, comme il en ressort des traités de la triple alliance ;

Puisque nous leur donnons l'hospitalité, les moyens de vivre dans nos pays et d'y faire des économies, le tout au détriment de nos travailleurs français, qui souvent se voient rebuter dans des chantiers qui occupent cependant un nombre considérable d'étranger.

S'en suit-il par là, que nous devions toujours suivre les mêmes errements et sacrifier notre fortune nationale au profit de ceux qui se sont liés à nos plus implacables ennemis ?

Non, cent fois non !....

Pour équilibrer la perte faite par nos nationaux qui sont surchargés d'impôts de toute sorte, et la perte éprouvée dans notre commerce et notre industrie, voire même et à plus forte raison par l'Etat ;

Nous devons établir une taxe non pas sur les entrées ni les séjours ; mais une taxe, plus équitable, portant sur les salaires.

Que l'on établisse par exemple, la taxe de 10 0/0 sur les salaires, croyez-vous que les étrangers seront bien lésés dans leurs intérêts.

Cette taxe ne produira qu'une moyenne de 0 f. 42 par tête et par homme, alors que nous français, payons plus de 0 fr. 80 centimes par jour. Je ne comprends dans ce chiffre que la classe des travailleurs.

Cependant nous aurons accompli un notable progrès puisque cette taxe est destinée à rentrer directement dans les caisses de l'Etat.

Par l'établissement de cette taxe, nous arriverions donc au chiffre ci-après :

1° 600,000 étrangers dont il est parlé plus haut, représentant un chiffre brut de   441.000.000.

2° Les autres 600.000 qui passent l'année entière dans nos pays, par conséquent 150 jours de plus, et étant donné qu'il perdent pendant ce laps de temps, 50 journées, nous obtiendrions donc 275 journées, représentant un salaire de   693.000.000

Soit au total.   1.134.000.000

Sur lesquels, prélevant un impôt de 10 0/0 l'Etat bénéficierait directement d'un revenu net de 113.400.000 francs.

Ce chiffre est éloquent et ce serait autant de soustrait aux nations alliées.

Et pourquoi agirions-nous autrement ?

Ne prenant pour exemple que l'Italie, qui certes doit son unité à la France, devons-nous continuer à nourrir ses enfants, à augmenter sa fortune financière qui d'après leur alliance doit se tourner contre nous ?

Devons-nous continuer à nourrir des ennemis (puis-qu'ils ont signé un pacte avec les Allemands) au détriment de nos nationaux, sans que pour cela ils ne nous paient aucune redevance ?

Il est inutile de m'appuyer plus longtemps sur ce sujet qui non seulement a été discuté, mais qui va faire l'objet de nombreux vœux émis par les chambres ou syndicats ouvriers.

L'Italie oublie trop vite les bienfaits de la France. Son orgueil l'a poussée dans les bras allemands, croyant déjà tenir la tête du monde entier.

Nous assistons aujourd'hui à sa désillusion, laissons-la se débattre, laissons-la reconnaître elle-même d'où peut lui venir la prospérité !

Lorsqu'elle aura enfin reconnu son erreur, lorsqu'elle aura compris que son unité, son avenir et sa force ne peuvent lui être donné que par sa sœur la France, lorsque, abattant son orgueil, repentante, elle nous tendra les bras, ne la rebutons pas, acceptons-la avec bonheur, comme une sœur perdue, qui nous revient enfin.

Soutenons-la dans sa faiblesse, et que le souffle vivifiant de notre patriotisme en fasse enfin une sœur reconnaissante.

La France alors, sera vraiment grande, lorsqu'elle sera le garant de la paix.

Forte à l'intérieur, aimée et estimée à l'extérieur, elle deviendra ce phare lumineux représentant à la fois la force, la justice et la civilisation.

Elle deviendra le soutien des faibles, le guide des forts, et l'arbitre du monde entier.

Pour atteindre ce résultat, il faut surtout l'union entre toute les classes de la société.

C'est surtout de chez le capitaliste que nous viennent aujourd'hui tous nos déboires.

Qui a créé les partis qui aujourd'hui nous divisent la France ?

Les capitalistes.

C'est donc à nous, travailleurs, de réagir contre cet état de choses, ne possédant rien, n'ayant rien à sauvegarder, notre jugement est sain et n'est empreint d'aucune passion.

Si la lutte se continue, des capitalistes entre eux et ensuite celle où tous réunis luttent contre le travail, ils arriveront à se perdre eux, à perdre la patrie et tous ses enfants.

C'est à nous, qui d'adolescents sommes devenus hommes, c'est à nous de soutenir notre mère, comme nous l'avons toujours fait, lorsqu'un danger la menaçait.

Ce n'est plus dans les grèves ou les manifestations de la rue que nous devons désormais chercher notre émancipation.

Les grèves n'ont pour but que de nous affaiblir ; nos ressources étant insuffisantes, il s'en suit que nous ne pouvons les soutenir jusqu'à ce que nous ayons enfin obtenu satisfaction ; nous luttons, laissant souvent notre famille dans le dénuement le plus complet et brisant notre avenir, par suite des ressentiments des patrons ; il nous devient par la suite difficile de trouver un travail suivi, nous permettant de donner le pain nécessaire à nos chers enfants.

Les grèves deviennent encore la ruine des capitalistes, des commerçants et industriels dont nous avons besoin, même de l'État.

En effet, l'acheteur, dans la nécessité de se procurer les marchandises qui lui manquent pour les besoins de son commerce ou de son industrie, s'adresse à l'étranger : d'où une perte de main-d'œuvre pour nous, une perte de bénéfice pour les patrons et ce qu'il y a de plus grave encore une perte des capitaux qui diminuent notre fortune monétaire.

Dans les manifestations de la rue, nous n'y récoltons en général que des horions, et souvent des poursuites judiciaires viennent frapper des innocents.

Les vœux ou pétitions que nous adressons aux pouvoirs publics, restent lettre morte et depuis le temps que des promesses ont été faites, nous n'avons encore rien obtenu.

Cependant le temps presse, et c'est à nous de prendre l'initiative de changer aujourd'hui cette situation, dans laquelle la France est appelée à périr un jour, si nous n'y prenons garde.

Il ne faut pour cela, que l'entente de tous les travailleurs, ne prenant pour guide que notre patriotisme et l'intérêt général.

Puisque nous formons la grande majorité de la nation, c'est-à-dire sa force, nous ne devons pas nous laisser mener par quelques tripoteurs, dont l'intérêt personnel est tout et qui s'inquiètent bien peu si quelque danger menace la patrie.

Nous possédons pour cela, une arme puissante, irrésistible, c'est notre bulletin de vote.

Si la bourgeoisie, le commerce et l'industrie sont représentés à la Chambre des députés, pourquoi l'élément ouvrier ne le serait-il pas aussi ?

Nous avons à vrai dire quelques représentants, qui travaillent avec ardeur pour notre cause, mais n'étant pas en nombre, ils voient tous leurs efforts anéantis. Nous devons donc les renforcer, et puisque nous formons la majorité des citoyens, nous devons envoyer un nombre suffisant d'hommes capables, intelligents, pris parmi nous et reconnus pour leur honnêteté, leur droiture, qui les mettent à l'abri des bassesses que l'on voit journellement où l'argent achète le bulletin de vote.

Préparons-nous donc dès maintenant à cette grande lutte, d'où doit sortir notre émancipation ; réunissons-nous et complètons notre instruction politique par des discussions prises en dehors des partis, formons un seul groupe de l'union démocratique des travailleurs, n'ayant qu'un but, la grandeur et la gloire de la France.

Par ces réunions, nous ferons connaissance avec nos candidats, afin qu'au dernier moment, il n'y ait pas d'équivoque, toutes nos voix devant se porter sur les seuls qui auront obtenu une majorité dans nos réunions.

Dans certains départements où l'élément ouvrier est en grande majorité, faisons passer un plus grand nombre des nôtres, pour réunir toutes nos voix sur un seul dans les circonscriptions où nous avons le moins de chance de réussite.

Agissons sagement, prudemment, afin de ne pas diviser les voix républicaines au profit de la réaction, et nul doute que nos efforts soient couronnés de succès.

Laval. — Imp. E. JAMIN, rue Ricordaine, 8.